Wiener Urtext Edition

UT 500404

Christian Sinding

6つの小品　作品32

Sechs Klavierstücke op. 32
Six Piano Pieces Op. 32

諸資料に基づく校訂　ミヒャエル・クーベ
運指法および演奏の手引き　ペーター・ロッゲンカンプ

Edited from the sources by Michael Kube
Fingerings and Notes on Interpretation by Peter Roggenkamp

Wiener Urtext Edition, Musikverlag Ges. m. b. H. & Co., K. G., Wien

© 2015 by Wiener Urtext Edition, Musikverlag Ges. m. b. H. & Co., K. G., Wien
Erste Auflage / First Edition

目　次

序言 …………………………………………… III
演奏の手引き ………………………………… IV
ファクシミリ ………………………………… VI, 8

グロテスクな行進曲
Marche grotesque

1

民謡の調べで
Im Volkston

16

旋律
Melodie

6

おどけたロンドレット
Rondoletto giocoso

18

春のささやき
Frühlingsrauschen

9

ゴブリン
Gobelin

23

校訂報告 ……………………………………… 30

序言

クリスティアン・シンディング（1856-1941）は，19世紀から20世紀前半にかけて活躍したノルウェーの作曲家の中でも，その作品がヨーロッパの音楽的中心から遠く離れた同国を超え，国際的に高い注目を集めた人物の一人である。ただし，民族ロマン主義の象徴的存在とされるエドヴァルド・グリーグ〔1843-1907〕と異なり，ライプツィヒ音楽院での数年にわたる修学後（主にカール・ライネッケに師事），シンディングが民俗音楽やその特徴的なイディオム，形式に没頭することはなかった。国費助成金でミュンヘンに滞在中（1882-84），シンディングの関心は，新ドイツ派やリヒャルト・ワーグナーの音楽語法へと向けられたのである。

きわめて保守的な作曲訓練を受けた後，シンディングは一つの様式的方向を追求するとともに，自身の個性を開花させ始めるが，その最初の大規模な成果は1883年から85年にかけて取り組まれたピアノ五重奏曲作品5である。1889年1月19日にライプツィヒのゲヴァントハウス（ブロドスキー弦楽四重奏団とフェルッチョ・ブゾーニのピアノによる）で行われた注目の演奏は，『音楽週刊誌』および『ジグナーレ』の両誌で詳しく報じられ，シンディングの国際的評価のきっかけとなった〔訳注1〕。彼はその影響について，自らをノルウェー人であると自負していた友人のイギリス人作曲家，フレデリック・ディーリアス〔1862-1934〕に手紙で次のように伝えている。

> ここでは大勝利でした。［中略］数日前，アブラハム博士による斬新な演奏会に招待されましたが，そこにはライプツィヒの著名な出版社がすべて列席していました。かつての連中が，まるで可愛い娘でも扱うように私の機嫌をうかがってきた様を，君に見せたかったね。ほんの2年前，同じような機会に彼らは私のことを厚かましい侵入者，いやノルウェー風にいうなら"varg i veum"──無法者と見ていたのに。今や彼らは手のひらを返したように三重奏やソナタ，歌曲など，あらゆる曲を委嘱してくるのです。［中略］すべての選択肢で最良のものは未だA［アブラハム］博士が握っており，アブラハム氏の引き出しにある確実な展望にしたがうのは本当に心地よい限りです。注1

確かにシンディングの成功は，彼の作曲家としての将来に大きな影響を与えた。彼の作品目録を一瞥して分かるのは，ピアノ曲と歌曲（ドイツ語，あるいはノルウェー語の詩による）の曲集の多さである。それらの作品はシンディングの生活を保障し，つまらないレッスンや，不快で些末な仕事から彼を解放してくれた。しかしその一方，大作のための時間が削られる結果にもなった。4つの交響曲，3つのヴァイオリン協奏曲，唯一のオペラ《聖なる山》（1910-12）の作曲は，それぞれかなりの時間的間隔がおかれている。その問題について，シンディング自身も戒めてはいたが，特に強く抗うというわけではなかった。そのためだろうか，1895年9月初旬，彼はディーリアスに「歌曲やピアノ曲が，哀れな者の人生をどれだけ惨めにすることが分かってさえいたら」注2と述べている。

1890年代，歌曲はまだシンディングの創作の中心だったが（いくつかの曲集がクリスチャニア〔現オスロ〕のハルス社から出版されている），1893年夏にノルウェーで二長調のピアノ三重奏曲作品23を完成させると，彼はピアノ曲のジャンル，性格小品の作曲に力を入れるようになった。5曲と7曲からなる最初の2つの曲集をそれぞれ1894年と1895年に作品24，作品25としてペータース社から出版した後，シンディングは20以上もの曲をマックス・アブラハム（1831-1900）の出版社に送り，意見を求めている。「アブラハムとヒンリヒセンは，かつてペータース奨学金を得たアントン・フォルスターのタール通りのサロンで，それらを披露してくれました」注3。それらの曲によって，シンディングは時代の音楽的趣味にはっきりと応えただけでなく，つねに新曲を要望する家庭音楽の分野やサロンを満足させた。1897年9月までに，24曲が4つの曲集で作品31から34という形で出版されたが（それぞれの曲集は，さらに3曲からなる2つの巻に分けられる），そのリストはシンディングが最初に作成したものと一致しない（校訂報告に記した自筆浄書譜［Ast1，Ast3およびAst456］の資料を参照）。シンディングは小形式の音楽と相性が良くなかった──1895年12月24日の手紙で，彼はディーリアスに「忌々しいピアノ曲が完成したよ」注4と伝えている──ものの，大きな利益を彼にもたらしたのがそうした小品であったことは皮肉である。各ピアノ曲の出版に際して，シンディングは一回につき200マルクを受け取っていた。〈春のささやき〉作品32の3に至っては，瞬く間に文字通りの「ヒット」を飛ばし，1898年9月には個別のエディションで出版されている。世紀が変わる頃，同曲の売れ行きは年間20,000部を達成し，1990年までに総数で120万部が印刷されたという注5。

この財政的成功の報酬に関して，長年にわたり年間3,000

〔訳注1〕 当時，ベルリン留学中だったジャン・シベリウス（1865-1957）は，ブゾーニの招待でこの演奏会に臨んでいる。シンディングの音楽に深い感銘を覚えたシベリウスは同年春，自らもピアノ五重奏曲JS159を作曲。深い悲しみを内面にたたえたその作品は，シベリウスのベルリン留学時代唯一の充実作となった。

注1 1889年3月20日付，クリスティアン・シンディングからフレデリック・ディーリアス宛の手紙。以下より引用。Gunnar Rugstad, *Christian Sinding (1856-1941). En biografisk og stilistisk studie*, Oslo, 1979, p. 62.

注2 1895年9月1日付，クリスティアン・シンディングからフレデリック・ディーリアス宛の手紙。同前，p. 84f.

注3 Norbert Molkenbur, *C. F. Peters 1800-2000. Ausgewählte Stationen einer Verlagsgeschichte*, Leipzig, 2001, p. 80f.

注4 1895年12月24日付，クリスティアン・シンディングからフレデリック・ディーリアス宛の手紙（ディーリアス・トラスト，ロンドン）。

注5 モルケンブールの計算による。Molkenbur, *Stationen einer Verlagsgeschichte*, p. 81.

マルクの自発的な支払いでシンディングが満足していたのは，マックス・アブラハムおよび彼の甥で後継者のヘンリ・ヒンリヒセン（1868-1942）とのビジネス・パートナー，友人としての信頼関係がしっかり確立されていたからである。その報酬が完全に打ち切られるのは，社会状況が大きく変化したワイマール共和国の終焉期であった。1932年9月12日，ヒンリヒセンはシンディングに手紙で次のように伝えている。

> あなたもご存知のように，残念ながらここ10年ほどで状況が大きく変わってしまいました。あなたのピアノ曲のような，いわゆるサロン・ピースの顧客は主に無職の若い娘たちでした。家庭音楽の供給は，もはや途絶えたも同然なのです。注6

しかしながら，有名でポピュラーな〈春のささやき〉など，クリスティアン・シンディングのピアノ曲のいくつかは今日でもレパートリーに加えられている。技術的に容易なため，それは世界中の若いピアニストたちに鍵盤の腕前を披露させる最初の機会を提供し続けているのである。

ミヒャエル・クーベ
（神部　智　訳）

演奏の手引き

クリスティアン・シンディングは，1856年にオスロ近郊のコングスベルグで生まれた。同年にはジークムント・フロイトが誕生し，この時代を代表する二人の偉大な芸術家，ハインリヒ・ハイネとロベルト・シューマンが亡くなっている。またリヒャルト・ワーグナーが《ワルキューレ》を完成させ，《トリスタンとイゾルデ》の最初のスケッチを始めたのもこの年である。その6年後，クロード・ドビュッシーが誕生した。

オスロとライプツィヒ音楽院で学んだ後，シンディングはエドヴァルド・グリーグ以降，もっとも著名なノルウェーの作曲家の一人になった。彼はノルウェーやドイツで活躍したほか〔訳注1〕，短期間だがロチェスターのイーストマン音楽学校の教授としてアメリカ合衆国でも仕事をし〔訳注2〕，1941年にオスロで亡くなった。彼の作品には交響曲4曲，ヴァイオリン協奏曲3曲，ピアノ協奏曲1曲，数多くの歌曲に加え，ピアノ曲の膨大なレパートリーがある。1896年にライプツィヒのペータース社から最初に出版された本曲集《6つの小品》作品32には，世界的に有名な〈春のささやき〉が収められている。

この曲集は1曲ずつ個別に，あるいは6曲のツィクルスとして取り組むことができる。演奏の前提条件としては，オクターヴの音域を容易につかめること。技術的なレヴェルは各曲で異なり，第2，第3，第4曲は他に比べて易しい。シンディングは作品32の運指法を示さなかった。特に若い演奏者のため，ここでは難しいパッセージの運指法を示唆しておくことにしよう。それはもちろん，他の類似のパッセージにも適用できるものである。曲集中の3曲（第1，第3，第6曲）は，ドビュッシーやラヴェル，プロコフィエフ，ハチャトリアンらのヴィルトゥオーソ風トッカータにしばしば見出される演奏技術が部分的に求められている。すなわち非常に狭い音域内や，同音連打における速いパッセージを弾く際，両手が同時に用いられるのである。そうした場合，片手の親指の動きを減らし，手首を上げて打鍵のためのスペースを作ることが重要であろう。

また場合によっては，各パッセージや各音を両手に振り分ける必要がある。そのような「アレンジ」は，作曲者が望まなかった箇所での和音の分散化を避ける手段，あるいは扱いにくい和音の配置や跳躍を容易にする手段となりうる。J. S. バッハの《シンフォニア》のような作品に取り組んだことのある演奏者は，こうした両手への振り分けが有効であると同時に不可避なことをご存知であろう。

きれいなレガートを生み出すため，時には指の静かな移動を勧めたい。たとえば第2曲の3小節目の下段のように，音域が広くて弾くことができない，と初めは思われるパッセージが時折現れる。このようなパッセージでは，まず下の2音を拍に合わせて弾き，一番上のロ音を少し遅れ気味に，より柔らかく弾くようにしたい。その工夫によって，土台になるバスと，それ以外の音の両方が維持されよう。また8小節目において，作曲者は左手の和音の構成音を順々に記している。このケースでは，右手の16分音符をあまりたっぷりと混ぜ合わさずに，ペダルの響きを保持すること。それを成すには，まず左手の3つの音を弾いた後，ト音とニ音の最初の2つと，

注6　1932年9月12日付，ヘンリ・ヒンリヒセンからクリスティアン・シンディング宛の手紙。以下より引用。Erika Bucholtz, *Henri Hinrichsen und der Musikverlag C. F. Peters. Deutsch-jüdisches Bürgertum in Leipzig von 1891 bis 1938*, Tübingen, 2001 (=Schriftenreihe wissenschaftlicher Abhandlungen des Leo Baeck Instituts, vol. 65), p. 165, footnote 341.

〔訳注1〕シンディングはキャリアの大部分をドイツで積んだため，40年ほどを同国で過ごしている。ノルウェーに活動拠点を移したのは，イーストマン音楽学校で教鞭を執った後の晩年期であった。

〔訳注2〕1921年に設立されたイーストマン音楽学校は，ジュリアード音楽院やカーティス音楽院とともに，アメリカ合衆国を代表する音楽教育機関である。イーストマン音楽学校初の作曲教授ポストへの就任は当初，シベリウスに打診されている。しかしシベリウスが固辞したことから，シンディングに白羽の矢が立った。シンディングが同ポストに就いたのは，1921年秋より数ヵ月間である。

ロ音の代わりにろ音（1オクターヴ下）を再び静かに打鍵するとよい。この工夫は，ペダルを後で踏みかえたり，ペダルを省略したりすることを可能にする。いずれにせよ，3つのバス音は響き続けるであろう。

　ピアノ曲における（右の）ペダルの使用は当時きわめて一般的だったが，シンディングがその指示を与えたのは〈春のささやき〉の二箇所のみであった。ペダリングに関しては，音楽的流れの要求にしたがいつつ，個々の輪郭や和声にも目を向けながら考えるべきである。その際，楽器の特徴や空間の音響効果も重要な役割を担うだろう。場合によっては，ヴィブラートペダルの使用さえも推奨したい。特筆に値するのは，シンディングが同一のデュナーミクを長大なパッセージに求め続け，それを非常にゆっくりと変えるよう命じる場合である。〈グロテスクな行進曲〉がその好例で，1小節目の p が63小節目の ff まで増大すると，87小節目からはそれが少しずつ逆転していき，結尾で $pp\ dim.$ と $morendo$ になる。演奏者の課題は，ニュアンスよく全体を整え，緊張を持続させながらデュナーミクを形成することである。無表情に継続する $fortissimo$ や $piano$ では，その目的は達しえない。また，第6曲ではその終結に向けて65小節目と81小節目に突然 f が現れるが，それは69小節目と同じように fp と見ることができる。

　各曲はどのように演奏されるべきか。その手掛かりは，それぞれのタイトル，テンポ表示や曲調を通して作曲者が示唆している。特に注目されるのは，〈旋律〉（第2曲）や〈民謡の調べで〉（第4曲）などの表題であり，それらはノルウェーの民俗音楽との関連を示していよう。

　クリスティアン・シンディングの膨大で，非常にピアニスティックな鍵盤作品は，確実に再評価されるべきである。《6つの小品》作品32は，その素晴らしい出発点となるであろう。

ペーター・ロッゲンカンプ
（神部　智　訳）

訳者付記

　ドイツ語の原文をもとに，英訳も適宜参照して訳出した。なお，著者による補足は［　］，訳者による補足は〔　〕で示した。

クリスティアン・シンディング
〈おどけたロンドレット〉，自筆譜，第2頁
上から4段目，第1小節の中声部の嬰ハ音が重嬰ハ音に修正されている

（オスロ，国立図書館，Mus.ms.a 5881）
(Oslo, Nasjonalbiblioteket, Mus.ms.a 5881.)

Sechs Stücke für das Pianoforte
op. 32

Marche grotesque
グロテスクな行進曲

Christian Sinding
(1856–1941)

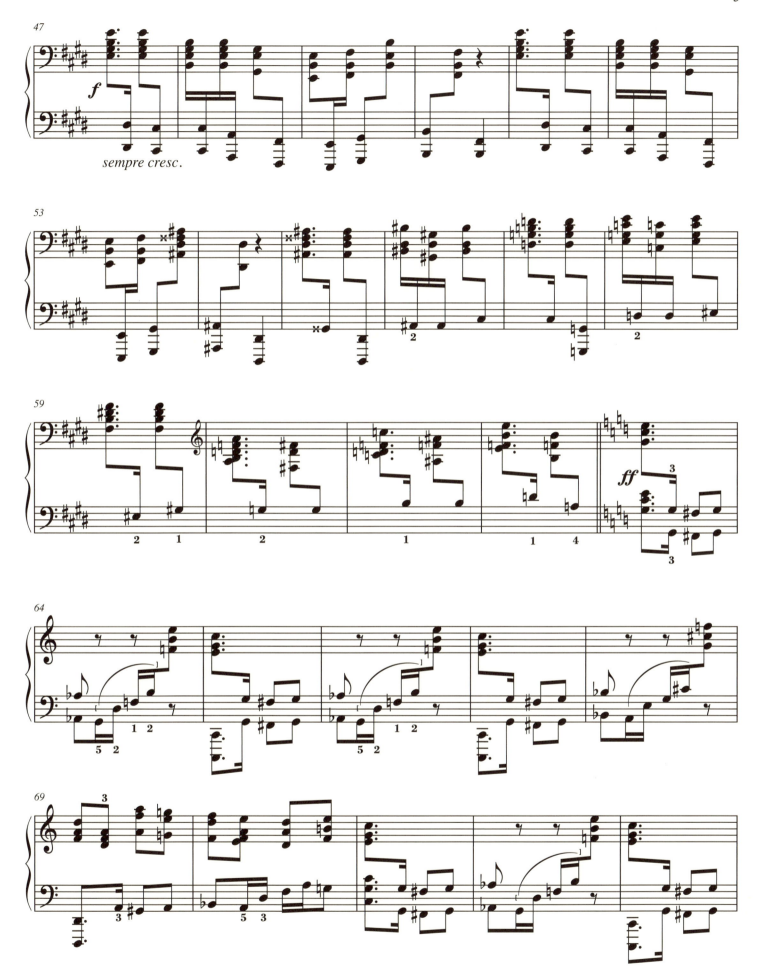

*) 校訂報告の注解細目を参照

Melodie
旋律

クリスティアン・シンディング
〈春のささやき〉，自筆譜，第1頁

(オスロ，国立図書館，Mus.ms.a 5291)
(Oslo, Nasjonalbiblioteket, Mus.ms.a 5291.)

Frühlingsrauschen
春のささやき

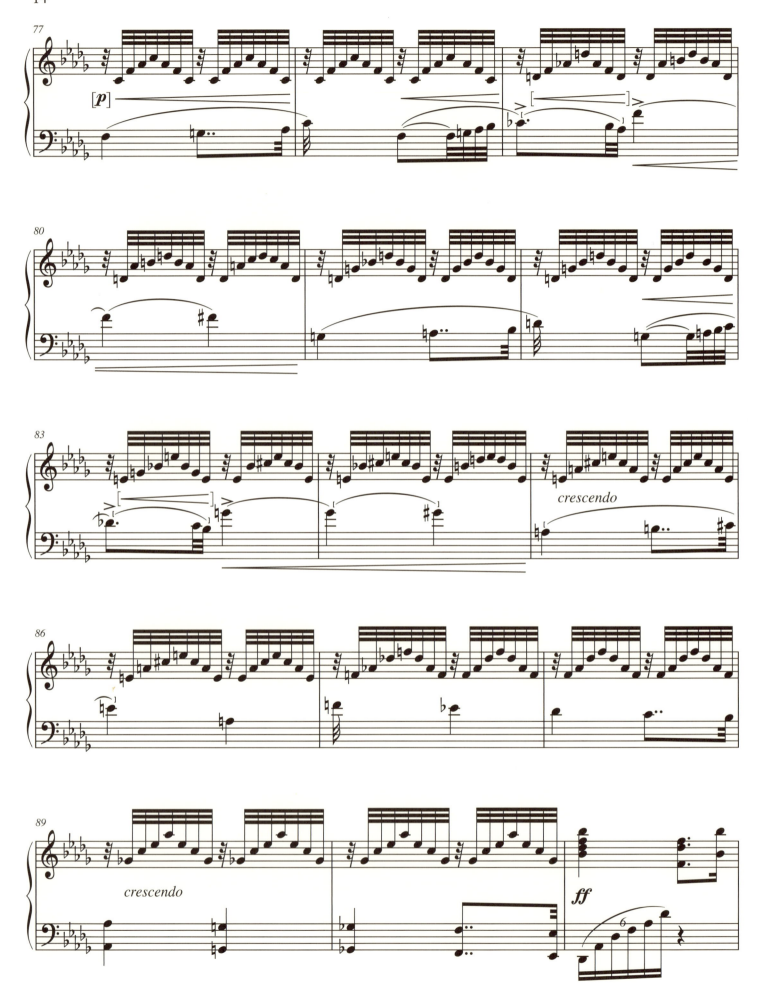

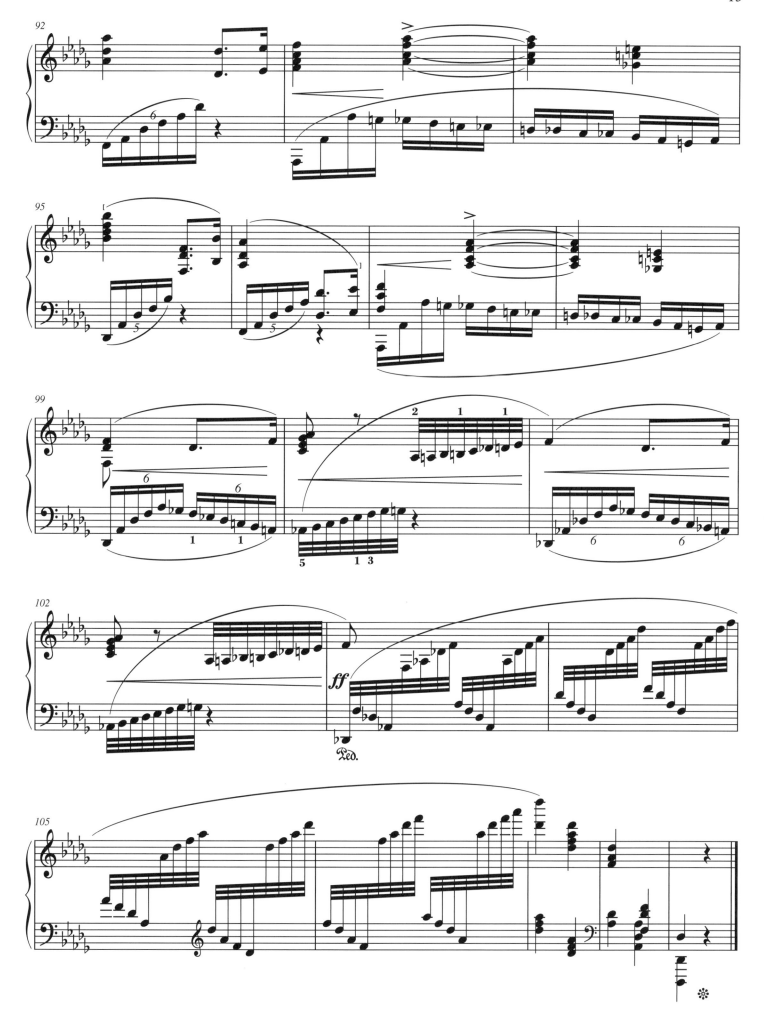

Im Volkston
民謡の調べで

Rondoletto giocoso
おどけたロンドレット

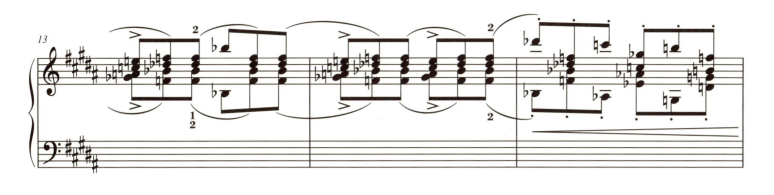

*) 校訂報告の注解細目を参照

Gobelin
ゴブリン

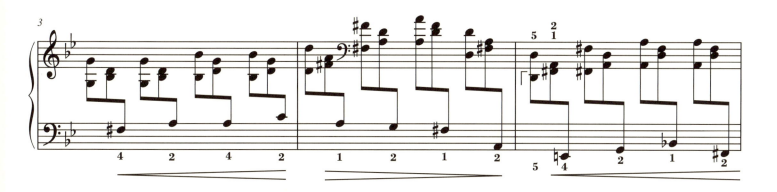

*) 二音のみ，または二音と木音の方が良い？

校訂報告

資料

Ast1 第1曲（〈グロテスクな行進曲〉）の自筆浄書譜。タイトル：〈グロテスクな行進曲〉（上部：オリジナルの番号ⅥがⅠに修正），クリスティアン・シンディングの署名（日付不明），オリジナルの作品番号：op.31. Ⅵ（鉛筆でNr.6と明記）。鉛筆で記されたプレート番号（8300）は，**EA1**の浄書譜が同自筆譜に基づいていることを示す。
オスロ，国立図書館，Mus.ms.a 5880。

Ast2 第2曲（〈旋律〉）の自筆浄書譜。紛失。

Ast3 第3曲（〈春のささやき〉）の自筆浄書譜。タイトル：〈春のささやき〉（上部：オリジナルの番号ⅧがⅢに修正），クリスティアン・シンディングの署名（日付不明），オリジナルの作品番号：op.31. Ⅷ（鉛筆でNr.8と明記）。鉛筆で記されたプレート番号（8300と8486）は，**EA1**の浄書譜および第3曲の個別エディション**F1**が同自筆譜に基づいていることを示す。不明者の手で空白ページに記された「オリジナルの自筆譜より」という文言は，**F1**の自筆譜の最初のページのファクシミリ化と関係している。
オスロ，国立図書館，Mus.ms.a 5291。

Ast456 第4曲（〈民謡の調べで〉），第5曲（〈おどけたロンドレット〉），第6曲（〈ゴブリン〉）の自筆浄書譜。タイトル：〈民謡の調べで〉（上部：オリジナルの番号ⅪがⅣに修正），クリスティアン・シンディングの署名（日付不明），オリジナルの作品番号：op.31. Ⅸ（鉛筆でop.32 Nr.4と明記）。〈おどけたロンドレット〉（上部：オリジナルの番号ⅩがⅤに修正），クリスティアン・シンディングの署名（日付不明），オリジナルの作品番号：op.31. Ⅹ（鉛筆で32 Nr.5と明記。終止線の後に日付：6|3|96）。〈ゴブリン〉（上部：オリジナルの番号Ⅵ），クリスティアン・シンディングの署名（日付不明），オリジナルの作品番号：Op.32（鉛筆でNo.6と明記。終止線の後に日付：1|4|96）。鉛筆で記されたプレート番号（8301）は，**EA2**の浄書譜が同自筆譜に基づいていることを示す。
オスロ，国立図書館，Mus.ms.a 5881。

EA1 第1巻の初版（Op.32, Nr.1-3），1896年9月出版。表紙のタイトル：ペータース版/No.2865ª./シンディング/ピアノフォルテ作品〔ドイツ語〕/ピアノ作品〔フランス語，英語〕/Opus 32. No.1-3.//扉のタイトル：6つの作品/のため/ピアノフォルテ/による/クリスティアン・シンディング/Opus 32. № 1_3./出版社に権利。［プレート番号：］8300/ライプツィヒ/C.F. ペータース//各曲の最初のページの右下：ライプツィヒのC.F. ペータース社に著作権1896。裏表紙に，出版社の目録（右下に96.の日付）より抜粋された作品が広告。シンディング作品はOp.24. No.3（〈春のささやき〉）のみ，後のエディションで改められる英語のタイトル"Spring-Prustle"で記載。
ウィーン，ウィーン市庁舎図書館，音楽コレクション，Mc 53678（エドガー・カジェ所有）。

TA1 第1巻の再版（Op.32, Nr.1-3），アドルフ・ルートハルトによる運指法。表紙のタイトル：ペータース版/No.2865ª./シンディング/ピアノフォルテ作品/（〈グロテスクな行進曲〉，〈旋律〉，〈春のささやき〉）/Opus 32. No.1-3.//扉のタイトル：6つの作品/のため/ピアノフォルテ/による/クリスティアン・シンディング/Opus 32. № 1_3./出版社に権利。［プレート番号：］8300/ライプツィヒ/C.F. ペータース，再彫版の追加：アドルフ・ルートハルトによる運指法。
ベルリン，プロイセン文化財団ベルリン国立図書館，音楽部門メンデルスゾーン・アルヒーフ，38130。

EA2 第2巻の初版（op.32, Nr.4-6），1896年9月出版。『ホフマイスター月報』によると，運指法（**EA1**と比較せよ）を欠くエディションの複製である証拠はない。

TA2 第2巻の再版（Op.32, Nr.4-6），アドルフ・ルートハルトによる運指法。表紙のタイトル：ペータース版/No.2865ᵇ./シンディング/ピアノフォルテ作品/（〈民謡の調べで〉，〈おどけたロンドレット〉，〈ゴブリン〉）/Opus 32. No.4-6.//扉のタイトル：6つの作品/のため/ピアノフォルテ/による/クリスティアン・シンディング/Opus 32 № 4_6./出版社に権利。［プレート番号：］8301/ライプツィヒ/C.F. ペータース，再彫版の追加：アドルフ・ルーンハルトによる運指法。
ベルリン，プロイセン文化財団ベルリン国立図書館，音楽部門メンデルスゾーン・アルヒーフ，38130。

F1 新たに彫版されたOp.32, No.3の個別エディション，1898年9月出版。1922年以降に出版されたエディションのみ入手可能。表紙のタイトル：ペータース版/No.2870/シンディング/〈春

のささやき〉/Opus 32. No.3.//扉のタイトル：〈春のささやき〉/ピアノ作品/による/クリスティアン・シンディング/Opus 32. № 3./演奏権の保有/出版社に権利。［プレート番号：］8486/ライプツィヒ/C.F. ペータース//楽譜の最初のページの左下：ライプツィヒのC.F. ペータース社に著作権1896。裏表紙に，出版社の目録（右下に1/22.の日付）より抜粋された作品の広告。シンディング作品はOp.86までが含まれている。また，自筆譜（「オリジナルの自筆譜より」）の最初のページのファクシミリの複製も存在するが，修整されたナンバーリングと作品番号が欠けている。

ウィーン，ウィーン市庁舎図書館，音楽コレクション，M 69316/c。

F2 新たに彫版されたOp.32, No.3の個別エディション，グートハイル版，モスクワ。曲集のタイトル：ある/今日のピアニスト/作品より選択，モダンで/輝かしい/第5集目の組曲/…/モスクワ，A. グールハイル社/サプライヤーは帝国劇場のインペリアーレ/マレショー橋16/サンクトペテルブルク，A. ヨハンセン社。ネフスキー通り68。キエフ，L. ジコフスキー社/ワルシャワ，ゲベトナー＆ヴォルフ社//

ベルリン，プロイセン文化財団ベルリン国立図書館，音楽部門メンデルスゾーン・アルヒーフ，26882。

エディション

本エディション（**NA**）の主要資料に関して，前半の3曲（第1-3番）は初版（**EA1**）を用い，後半の3曲（第4-6番）は他の底本がないため，再版（**TA2**）——おそらく元の楽譜から変更されていない——を使用する。現存する自筆浄書譜（**Ast1**，**Ast3**，**Ast456**）との比較から，シンディングは上記の楽譜を確認した上で，数多くの修正を施したと思われる。**NA**において，それらは**EA1**と**TA2**に見出された誤りの修正や比較に資した。**Ast1**，**Ast3**，**Ast456**に基づく楽譜の修正は詳細に注解したが，**EA1**と**TA2**に関する微細な相違を含む先行ヴァージョンには深く言及しなかった。**TA1**と**TA2**に加えられたアドルフ・ルートハルトの運指法は，**NA**では採用していない。編者によるいくつかの追加は角括弧で示し，補足的な注意事項は断りなく追加している。以下の注解では，小節番号，譜表の段〔上段・下段〕・声部，拍数または小節内の記号（音符，和音，休符），資料，注釈の順に記載。

注解細目
第1曲 〈グロテスクな行進曲〉

28	上段	第1拍	**Ast1**，**EA1**：最初の和音に誤り。嬰ハ音の代わりに嬰ニ音。
78	上段	第1拍裏	**EA1**：♮あり。おそらくシンディングが修正中に機械的に付したと思われるため，**NA**では削除した（**Ast1**：第1拍の最初の和音は♩）。
80, 84	上段		**EA1**：最後の和音にロ音なし。**Ast1**および第18小節に即して付加した。ただし，第2と第6小節，第48と第52小節，第96と第100小節と比較せよ（いずれも音高は異なる）。

第2曲 〈旋律〉

23	**EA1**：スペース不足のため，——が6つ目の16分音符まで。**NA**では第7小節に即した。

第3曲 〈春のささやき〉

10, 12	上段・下声部	**Ast3**，**EA1**：最後から3つ目のト音に♮が欠落。第70，第72小節に即して付加。
17-18	下段	**EA1**：スラーは第17小節のみ。**NA**では第21小節以降，第77小節以降，第81小節以降に即した（**Ast3**にはスラーなし）。
49		**Ast3**，**EA1**：下段，第48小節の最後から2つ目の音符から第49小節の2つ目の音符まで——。**NA**では第53小節に即した。
49-50		**Ast3**，**EA1**：下段，第49小節の最後から3つ目の音符から——。**NA**では第53-54小節〔の上段〕に即した。
54-55	上段・下声部	**EA1**：ホ–ホにタイ。**NA**では**Ast3**と同様，タイなし。
77		**Ast3**，**EA1**：——は小節の後半のみ。**NA**では第17小節に即した。
87	下段 第1音	**Ast3**，**EA1**：ヘ音は♩の代わりに♪。**NA**では第27小節に即した。
99	上段	**EA1**：第100小節の最初の和音までスラー（**Ast3**ではスラーなし）。**NA**では第101小節（**Ast3**，**EA1**）に即した。第39，第41小節とも比較せよ。

第4曲 〈民謡の調べで〉

7		**Ast456**，**TA2**：——は2つ目から4つ目の8分音符まで。**NA**では第27小節に即した。
12, 16, 20, 24	上段	**Ast456**，**TA2**：前小節から始まったスラーは，最後の4分音

符まで。**NA** では第10, 第14, 第18小節（**TA2**。**Ast456** では，第10小節と第18小節のスラーが鉛筆で延長されている）に即した。

第5曲 〈おどけたロンドレット〉

32　上段・下声部　第2音　**TA2**：重嬰ハの代わりに嬰ハ。**NA** では **Ast456** で施されたシンディングの明確な修正にしたがった。

32　　　　　　　　　　**TA2**：⌢なし。**Ast456** にしたがって追加。

43　　　　　　　　　　**TA2**：*a tempo* は複縦線の後の第44小節から。**NA** では **Ast456** にしたがった。

第6曲 〈ゴブリン〉

56　下段　　　　　　　**TA2**：最後の音符がイ音。**Ast456** にしたがって，ロ音に修正（第63小節とも比較せよ）。

訳者付記　校訂者による補足は［　］，訳者による補足は〔　〕で示した。

本書の全部または一部のコピー、スキャン、デジタル化等の無断複製
は著作権法上での例外を除き禁じられています。また、購入者以外の
代行業者等、第三者による本書のスキャンやデジタル化は、たとえ個
人や家庭内での利用であっても著作権法上認められておりません。

404. シンディング　6つの小品（しょうひん）　作品（さくひん）32

2019年4月30日　第1刷発行

発行者　堀　内　久　美　雄
　　　　東京都新宿区神楽坂6の30

発行所　株式会社　音楽之友社
　　　　電話 03(3235)2111(代)　郵便番号 162-8716
　　　　振替 00170-4-196250
　　　　https://www.ongakunotomo.co.jp/

404040

落丁本・乱丁本はお取替いたします。
Printed in Japan.

印刷：錦明印刷／製本：誠幸堂

ウィーン原典版

バッハ　Bach, J. S.

41	小前奏曲とフゲッタ	400410	2000円
42	インヴェンションとシンフォニア	400420	2500円
42a	インヴェンションとシンフォニア	400421	1700円
48	フランス組曲	400480	2000円
50	平均律クラヴィーア曲集 Ⅰ	400500	2800円
51	平均律クラヴィーア曲集 Ⅱ	400510	3800円
57	イタリア協奏曲	400570	1500円
60	イギリス組曲 BWV806-811	400600	3500円
150	アンナ・マクダレーナ・バッハのクラヴィーア小曲集	401500	1900円
159	ゴルトベルク変奏曲 BWV988	401590	2000円
161	半音階的幻想曲とフーガ BWV903	401610	2700円
186	バッハ フランス風序曲 BWV831/831a	401860	1900円
192	6つのパルティータ	401920	3800円

ベートーヴェン　Beethoven, L. v.

3	ピアノ曲集	400030	4500円
24	ピアノのための変奏曲集 1	400240	4600円
25	ピアノのための変奏曲集 2	400250	4000円
107	ピアノ・ソナタ集 1	401070	3800円
108	ピアノ・ソナタ集 2	401080	3600円
109	ピアノ・ソナタ集 3	401090	4000円

ブラームス　Brahms, J.

7	2つの狂詩曲 作品79	400070	1800円
23	3つの間奏曲 作品117	400230	1600円
44	ピアノ曲集 作品118	400440	1900円
45	ピアノ曲集 作品119	400450	2200円
67	ピアノ曲集 作品76	400670	2000円
68	バラード集 作品10	400680	1800円
72	幻想曲集 作品116	400720	1900円
102	ピアノ・ソナタ第1番 ハ長調 作品1	401020	2400円
103	ピアノ・ソナタ第2番 嬰ヘ短調 作品2	401030	2400円
104	ピアノ・ソナタ第3番 ヘ短調 作品5	401040	2400円
171	ヘンデルの主題による変奏曲 作品24	401710	2200円
172	パガニーニの主題による変奏曲 作品35	401720	2200円
181	ハンガリー舞曲集 4手用	401810	3600円

ブルクミュラー　Burgmüller, J. F.

130	25の練習曲 作品100	401300	1600円

ショパン　Chopin, F.

5	24のプレリュード 作品28	400050	2600円
58	即興曲集	400580	2200円
61	スケルツォ集	400610	3500円
65	ノクターン集	400650	3200円
100	バラード集	401000	3000円
205	エチュード集	402050	3400円
266	アンダンテ・スピアナートと華麗なる大ポロネーズ	402660	2200円
401	ポロネーズ 変イ長調《英雄》 作品53	404010	1600円

ハイドン　Haydn, F. J.

256	ピアノ・ソナタ全集 1 新版	402560	3900円
257	ピアノ・ソナタ全集 2 新版	402570	3900円
258	ピアノ・ソナタ全集 3 新版	402580	4600円
259	ピアノ・ソナタ全集 4 新版	402590	3900円

リスト　Liszt, F.

164	愛の夢	401640	1800円
165	コンソレーション	401650	2000円
233	超絶技巧練習曲 大練習曲第2番, 第7番	402330	3800円

メンデルスゾーン　Mendelssohn-Bartholdy, F.

215	ロンド・カプリッチョーソ 作品14	402150	1800円
278	厳格な変奏曲 作品54	402780	2200円

モーツァルト　Mozart, W. A.

8	ピアノのための変奏曲集 1	400080	2500円
9	ピアノのための変奏曲集 2	400090	3800円
219a	4手のためのピアノ曲集 1 新版	402190	3600円
219b	4手のためのピアノ曲集 2 新版	402191	3200円
226	ピアノ・ソナタ集 1 新訂版	402260	3200円
227	ピアノ・ソナタ集 2 新訂版	402270	3500円
229a	ピアノ曲集 1 初期の作品 新訂版	402290	2600円
229b	ピアノ曲集 2 初期の作品 新訂版	402291	2400円
230b	ピアノ曲集 4 後期の作品 新訂版	402301	2800円

ムソルグスキー　Mussorgsky, M. P.

76	展覧会の絵	400760	3300円

シューベルト　Schubert, F. P.

1	即興曲, 楽興の時, 3つのピアノ曲	400010	2800円
21	ピアノのための舞曲全集 1	400210	4700円
408	即興曲 作品90(D899) 新版	404080	2000円

シューマン　Schumann, R.

14	パピヨン 作品2	400140	2400円
38	幻想小曲集 作品12	400380	2500円
49	こどものためのアルバム 作品68	400490	2600円
59	アラベスク 作品18, 花の曲 作品19	400590	1600円
98	ダヴィッド同盟舞曲集 作品6	400980	2600円
190	こどもの情景 作品15	401900	1600円
252	ユーゲント・アルバム 作品68 新版	402520	2600円

チャイコフスキー　Tschaikowsky, P. I.

134	子供のアルバム 作品39	401340	2000円

※表示価格は税抜価格です。
2019年4月現在